Fiche **philosophe**

Par Eric Fourcassier

Bergson

lePetitPhilosophe.fr

BERGSON

PHILOSOPHE FRANÇAIS À L'ORIGINE DE LA PHILOSOPHIE DE LA DURÉE

- **Né en 1859 à Paris**
- **Décédé en 1941 à Paris**
- **Quelques-unes de ses œuvres :**
  - *Essai sur les données immédiates de la conscience* (1889)
  - *L'Évolution créatrice* (1907)
  - *Les Deux Sources de la morale et de la religion* (1932)

Philosophe français du **début du XXe siècle**, Henri Bergson est l'auteur d'une pensée qui s'efforce de **conjuguer les apports de la tradition philosophique et les données les plus récentes des sciences de son temps**. Cette double attention le conduit très tôt à prendre conscience d'un manque qui handicape considérablement la philosophie et les sciences depuis leurs origines. Ni l'une ni les autres n'ont su penser convenablement la réalité du temps : en l'envisageant toujours d'après une image spatiale (l'axe d'une chronologie), elles ont en effet figé ce dont l'essence est de passer.

La découverte de **la réalité du temps comme durée vécue** offre à Bergson le point de départ d'une nouvelle philosophie qui renouvèle profondément la métaphysique, la théorie de la connaissance et la philosophie pratique. À l'intelligence qui fige les choses et les simplifie en les rangeant dans des catégories générales toujours trop grossières, il importe d'opposer une nouvelle démarche capable de restituer la réalité telle qu'elle est, dans sa complexité et son mouvement. Tout l'effort de Bergson consiste à montrer que les impasses de la philosophie tiennent toutes à son incapacité à saisir la fluidité des choses et l'imprévisibilité de leur devenir en s'attachant toujours à des concepts qui figent et découpent la réalité mouvante.

BIOGRAPHIE

UN ÉLÈVE BRILLANT ET UN TALENTUEUX PROFESSEUR

Henri Bergson nait **à Paris en 1859** d'un père polonais et d'une mère anglaise. Tous les dons semblent avoir été accordés à cet enfant discret et sensible. Aussi **habile dans les sciences que dans les disciplines littéraires**, le jeune garçon accomplit une scolarité exemplaire, émaillée de nombreuses distinctions dont un premier prix au concours général de mathématiques en 1877.

Mais il lui faut choisir, et c'est aux lettres et à la philosophie qu'ira sa préférence. Toutefois, le jeune homme n'abandonnera pas les sciences pour autant et conservera toute sa vie le souci de maintenir avec elles un dialogue fécond. Rien n'est en effet plus étranger à l'esprit de Bergson que les cloisonnements qui étouffent l'élan de la pensée vivante.

À **dix-neuf ans**, il intègre **l'École normale supérieure**. Parmi ses camarades figurent quelques-uns des grands noms de la pensée à venir : **Émile Durkheim** (1858-1917), futur fondateur de la sociologie, ou encore **Jean Jaurès** (1859-1914), avec qui Bergson nouera une amitié profonde.

En **1881**, reçu à **l'agrégation de philosophie**, Bergson débute sa carrière dans l'enseignement secondaire. Nommé au lycée d'Angers puis de Clermont-Ferrand, ensuite au lycée Louis le Grand et enfin au lycée Henri IV, le professeur se révèle aussi talentueux que l'élève fut brillant. S'ouvre alors une période à la fois mondaine et studieuse pendant laquelle sa pensée s'élabore pas à pas. En **1889**, il soutient sa **thèse de doctorat**, publiée aussitôt sous le titre *Essai sur les données immédiates de la conscience*. Ses examinateurs de la Sorbonne saluent l'originalité de sa pensée, mais n'ont pas compris la notion qui en faisait le cœur, à savoir la durée.

UN PHILOSOPHE CRÉATIF ET CÉLÉBRÉ

Toutefois, Bergson ne se décourage pas. Avec **la notion de durée**, le jeune philosophe vient de dégager l'« intuition fondamentale » à partir de laquelle il déploiera une philosophie et un style de pensée d'une exceptionnelle fécondité. C'est ainsi qu'il fait paraitre, en **1896**, un nouveau livre, *Matière et Mémoire*, immédiatement remarqué par le grand philosophe américain William James (1842-1910). Celui-ci se dit « suffoqué d'admiration » devant un ouvrage qui marie avec autant d'habileté l'élégance et la clarté du style, la technicité du sujet et la pénétration de la pensée. Cette **limpidité d'expression**, refusant tout jargon philosophique, explique à la fois l'immense succès de la pensée bergsonienne, mais aussi les nombreux malentendus et contresens dont elle fit si souvent l'objet.

Car le succès est bien là et la fulgurante ascension professionnelle de Bergson se poursuit. Il accède en **1896** au **Collège de France** où il obtient, en 1904, la chaire de philosophie moderne. Très vite, la rumeur se répand et **la réputation du philosophe grandit**. L'assistance se fait plus nombreuse et plus diverse dans ses cours. On se presse pour écouter le philosophe. Un public inattendu s'enthousiasme alors devant « l'extraordinaire spectacle d'une pensée jaillissante offerte à tous », selon les mots de Jean Baruzi (1881-1953) qui enseigne à ses côtés au Collège de France.

Mais c'est avec la publication, en **1907**, de *L'Évolution créatrice* que Bergson atteint définitivement la célébrité. S'intéressant au problème de l'évolution du vivant, qui occupe la communauté savante de l'époque, le livre suscite des débats qui débordent les frontières nationales. Témoin de cet engouement, l'historien Pierre Imbart de La Tour (1860-1925) perçoit d'emblée la valeur de l'ouvrage : « *L'Évolution créatrice* n'est pas seulement une œuvre, mais une date, celle d'une direction nouvelle imprimée à la pensée. »

UN INTELLECTUEL DANS LA TOURMENTE DE L'HISTOIRE

En **1914**, la guerre éclate. Bergson réagit sans attendre et prend la parole publiquement afin d'alerter l'opinion publique. Puis, **chargé de missions diplomatiques**, le philosophe s'emploie, en négociateur habile, à convaincre le président Wilson (1856-1924) d'engager les États-Unis dans la guerre. Son action, trop longtemps méconnue, semble avoir été décisive.

Au sortir du conflit mondial, Bergson, entretemps devenu membre de l'Académie française, poursuit son **action en faveur de la paix**. Président de la Commission internationale de coopération intellectuelle en 1921 (qui deviendra, en 1946, l'UNESCO), il milite pour la coopération entre les peuples par la culture et le développement de l'esprit critique. Le philosophe défend alors une **conception humaniste de la culture**, plus fondamentale à ses yeux que le simple développement des capacités techniques et utilitaires des individus : il importe avant tout de former des hommes capables de penser, non de fabriquer d'étroits spécialistes voués à l'exécution d'une tâche ou à la maitrise d'un seul secteur du savoir.

Tandis qu'il prolonge son influence au sein de la Société des Nations, Bergson acquiert une **renommée mondiale** qui lui vaut l'honneur de recevoir en **1927**, le **prix Nobel de littérature**. Mais de sévères ennuis de santé l'affaiblissent au point qu'il se résout, en **1930**, à demander sa **retraite anticipée**. C'est alors qu'il amorce une réflexion sur la morale et sur la religion, qui fera l'objet de son dernier ouvrage, ***Les Deux Sources de la morale et de la religion***, publié en **1932**. Il se rapproche du catholicisme et envisage de se convertir. Mais, devant la montée de l'antisémitisme, Bergson, d'origine israélite, renonce avec courage à sa conversion : « J'ai voulu rester parmi ceux qui seront demain persécutés », écrit-il dans son testament.

En janvier 1941, celui qui fut reconnu comme « le plus grand penseur du moment », s'éteint à son domicile parisien, à l'âge de quatre-vingt-un ans.

CONTEXTE PHILOSOPHIQUE

UNE PÉRIODE DIVISÉE ENTRE ESPOIR ET INQUIÉTUDE

La vie d'Henri Bergson couvre une période historique divisée entre l'espoir et l'inquiétude. Tandis que l'extraordinaire essor des sciences et des techniques fait espérer aux uns le progrès de l'humanité, le climat de désenchantement qui l'accompagne fait craindre aux autres un péril nouveau : celui d'une humanité sans valeur et sans but, que Friedrich Nietzsche (1844-1900) appelle le « nihilisme » (du latin *nihil*, « rien »).

Le triomphe des sciences et des techniques

La seconde moitié du XIXᵉ siècle et le début du siècle suivant sont le théâtre d'une **formidable accélération du progrès scientifique et technique**. Parmi les **innombrables découvertes** de l'époque, certaines auront une postérité considérable :

- la physique connait ses deux révolutions contemporaines majeures : la théorie de la relativité formulée par Albert Einstein (1879-1955) entre 1905 et 1917 et la mécanique quantique dont les bases sont jetées en 1900 par Max Planck (1858-1947) ;
- la médecine bénéficie des travaux de Claude Bernard (1813-1878) qui rénove la physiologie et offre une formulation rigoureuse de la méthode expérimentale ;
- enfin, la biologie entre de plain-pied, avec la théorie de

l'évolution de Charles Darwin (1809-1882), dans l'ère moderne de la science.

L'apparition de sciences nouvelles

Mais ce sont également des sciences nouvelles qui apparaissent. Sous l'impulsion du positivisme, **la psychologie et la sociologie** s'émancipent de la philosophie et se constituent peu à peu comme de véritables sciences.

Théodule Ribot (1839-1916), dont l'influence sur Bergson sera sensible, formule le premier le projet d'une psychologie expérimentale. Pierre Janet (1859-1947) et Jean-Martin Charcot (1825-1893) en France engageront leurs recherches dans cette voie nouvelle, qui débouchera sur l'invention de **la psychanalyse par Sigmund Freud** (1856-1939) au tournant du siècle.

Mais la figure la plus imposante dans le paysage intellectuel de cette seconde moitié du XIXe siècle est celle du philosophe **Auguste Comte** (1798-1857), père du positivisme et premier théoricien de la sociologie. Avec lui, la confiance dans le progrès scientifique trouve son expression la plus radicale et enthousiaste. **Émile Durkheim** sera un des grands fondateurs de cette **sociologie scientifique** esquissée par Auguste Comte.

Un monde « désenchanté »

Les progrès réalisés par les sciences ne tardent pas à engendrer de profondes mutations dans la société occidentale. Les techniques se perfectionnent et le machinisme industriel s'impose.

Toutefois, en même temps, la conscience occidentale plonge dans ce que le sociologue allemand Max Weber (1864-1920) appelle le « désenchantement du monde » (*L'Éthique protestante et l'Esprit du capitalisme*, 1904). La rationalité scientifique a en effet deux répercussions majeures :

- d'une part, elle précipite le **déclin du surnaturel** ;
- d'autre part, elle fait triompher un **rapport étroitement technique et utilitaire de l'homme au monde**.

Ce faisant, à mesure que la vie de l'homme gagne en rationalité, le sens de son existence devient pour lui de plus en plus obscur.

BERGSON ET LA PENSÉE DE SON TEMPS

Le contexte intellectuel de l'époque est fortement marqué par la philosophie allemande et particulièrement par celle d'**Emmanuel Kant** (1724-1804). En éclaircissant « la voie sure d'une science » confiante en ses pouvoirs et en ruinant l'espoir d'une explication métaphysique du monde, Kant semble en effet avoir annoncé l'esprit positiviste du XIXe siècle. **Bergson**, lui, entend au contraire **restaurer la métaphysique** que le philosophe allemand a anéantie et que les positivistes croient pouvoir remplacer par une science matérialiste et mathématique.

BON À SAVOIR

La **métaphysique** désigne la recherche philosophique de la vérité touchant certaines réalités jugées inaccessibles par l'expérience sensible ou l'expérimentation scientifique. On se propose donc de connaitre, au moyen de la raison, des réalités situées « au-delà » (*meta*, en grec) de la nature « physique », telles que l'âme, la liberté, etc.

Mais le philosophe ne se satisfait pas davantage du **spiritualisme des disciples de Victor Cousin** (1792-1867) qui néglige l'apport des sciences positives. **Bergson** estime que **le dialogue de la philosophie et des sciences doit être maintenu** : c'est en partant des faits qu'il faut montrer l'insuffisance de l'approche scientifique et justifier, en conséquence, le recours à la notion d'esprit. Le spiritualisme de Bergson, loin de nier l'apport des sciences, le suppose au contraire et le complète.

Le philosophe prend par ailleurs ses distances avec **la science moderne, héritière de René Descartes** (1596-1650), qui analyse le réel, le décompose et le recompose mathématiquement. Ce faisant, elle se montre selon lui **incapable de saisir la continuité et la fluidité du réel**, son « évolution créatrice ». En ce sens, Bergson signe bien la fin de l'ère cartésienne et retrouve l'inspiration métaphysique d'Aristote (384-322 av. J.-C.).

Deux philosophes influenceront plus directement Bergson par leur conception de l'esprit, **Plotin** (vers 205-270) **et Ravaisson** (1813-1900) :

- du premier, Bergson retient la **théorie de l'âme et la conception du réel comme mobilité** ;
- quant au second, Bergson lui emprunte l'analyse de **l'habitude comme « résidu fossilisé d'une activité spirituelle »**. L'esprit enlisé dans l'habitude est une « conscience obscurcie » et une « volonté endormie ». En

d'autres termes, la notion de mécanisme, loin de rendre superflue la notion d'esprit, la suppose, contrairement à ce que pensent les positivistes scientifiques.

Enfin, les théories d'**Herbert Spencer** (1820-1903) sur l'évolution et d'**Albert Einstein** sur le temps attirent l'attention de Bergson qui les discute âprement. Il reproche à l'une comme à l'autre leur idée trop abstraite et figée du temps. L'entretien de Bergson et d'Einstein lors d'une rencontre organisée en 1922 par la Société française de philosophie constitue un des évènements intellectuels majeurs de l'époque.

PENSÉE ET APPORT

Henri Bergson envisage chaque philosophie comme l'expression d'une intuition originale éprouvée par son auteur. Pour sa part, c'est **l'intuition de la durée** qu'il s'efforce de développer pour aboutir à une philosophie de la mobilité singulière et remarquable.

Plusieurs thèmes jalonnent son parcours philosophique :

- la notion de durée ;
- les rapports de l'âme et du corps ;
- la connaissance intuitive ;
- l'évolution du vivant ;
- la morale et la religion.

LA NOTION DE DURÉE

La confusion du temps et de l'espace

La philosophie de Bergson commence par un étonnement. La métaphysique et les sciences ne sont guère parvenues jusqu'ici à comprendre la nature du **temps** : toutes l'ont **confondu avec l'espace**. Le cadran d'une horloge est à cet égard une image aussi familière que trompeuse. Car ainsi réduit à une succession d'instants juxtaposés comme des points sur une ligne, le temps se retrouve fractionné, figé et immobilisé dans une image qui fait référence à une modification de l'espace et laisse échapper l'essentiel : **le temps est mobilité, il dure, son essence est de passer**.

C'est pour avoir de la même manière immobilisé le temps

dans une image spatiale (géométrique) que Zénon d'Elée (vers 490 av. J.-C.) s'égara dans d'insolubles paradoxes. Le rapide Achille s'élance après une tortue. Nul doute qu'il aura tôt fait de la dépasser. Mais si le temps où se déroule leur course est une succession d'instants multipliés à l'infini, un paradoxe surgit, bien résumé par Bergson : « Le plus lent ne sera jamais rattrapé par le plus rapide car celui qui poursuit doit toujours commencer par atteindre le point d'où est parti le fuyard, de sorte que le plus lent a toujours quelque avance. »

Comment résoudre ce paradoxe ? Il suffit pour Bergson de dénoncer la confusion du temps et de l'espace. Si l'intelligence humaine spatialise ce qui ne doit pas l'être, **il faut changer de perspective et recourir à ce que Bergson nomme l'« intuition » de la durée**. En effet, seule notre intuition nous avertit que le temps passe tandis que notre intelligence, semblable au cinématographe, nous donne l'illusion du déroulement temporel et du mouvement à partir d'instantanés immobiles.

Temps des physiciens versus durée concrète

C'est donc l'échec de l'intelligence et les impasses qu'engendre une représentation mathématique des choses qui justifient le recours à la notion de durée. Bergson renverse alors la perspective de Descartes, à mesure qu'il fait apparaitre l'incapacité des mathématiques à rendre compte adéquatement de la réalité concrète du temps.

Dans l'intuition de la durée, le temps est saisi depuis l'intérieur d'une conscience qui le vit. Chacun peut l'éprouver en lui-même : nos pensées, sentiments, désirs, volontés, ont tous une manière propre de durer. C'est ainsi que nous les vivons. La durée est l'étoffe de notre vie intérieure.

Bergson oppose alors :

- d'une part, **le temps dont nous parle la physique**, objectif, extérieur et abstrait, qui peut être mesuré et découpé en intervalles de temps ;
- d'autre part, **le temps psychologique ou humain**, subjectif, intérieur et concret, **d'essence spirituelle**. Celui-ci ne peut être mesuré et se définit comme **une durée vécue par une conscience** (citation 1).

Le dialogue avec Einstein

En 1922, **Albert Einstein** est reçu par la Société française de philosophie pour y exposer sa célèbre théorie physique. Bergson ne manque pas l'occasion d'assister à la conférence et interpelle le physicien à propos des importantes modifications que sa théorie apporte à la notion de temps.

Einstein soutient en effet une **idée totalement contre-intuitive du temps** qui, aux yeux de Bergson, réactive le vieux paradoxe de Zénon d'Elée et conduit à un même contresens sur le temps. Immobilisé dans le langage mathématique, la réalité mobile du temps se trouve à nouveau manquée. Si, comme en convient Bergson, la théorie de la relativité représente un progrès considérable dans notre connaissance physique de la nature, il faut cependant admettre qu'elle se montre incapable de dissiper l'énigme qui entoure la réalité du temps.

Il convient donc d'adopter **un point de vue radicalement différent et complémentaire**. C'est là tout l'objet de l'intervention de Bergson.

LE RAPPORT DE L'ÂME ET DU CORPS : CONSCIENCE, MÉMOIRE ET CERVEAU

Ainsi, selon Bergson, **le temps véritable est durée**, ce qui signifie qu'**il n'est pas matière mais** esprit. Toutefois l'esprit, objectera-t-on, n'est-ce pas le cerveau, autrement dit une réalité purement matérielle ?

Un lien étroit entre cerveau et conscience

À cette question provocatrice, **les travaux du médecin Paul Broca** (1824-1880) semblent dans un premier temps apporter une réponse affirmative. Examinant en 1861 le cas d'un patient ayant perdu l'usage de la parole à la suite d'une lésion de la partie gauche de son cerveau, Broca conclut que la zone endommagée correspond au siège du langage. Dès lors, il apparait que **les fonctions que l'on attribue communément à l'esprit ne désignent qu'une activité du cerveau** et rien d'autre.

L'étude des troubles du langage fait ainsi resurgir le vieux problème cartésien de l'union de l'âme et du corps. Mais alors que de nombreux penseurs s'empressent de proclamer la fin de la notion d'esprit, **Bergson** fait preuve de davantage de prudence. Manifestement, **un lien étroit unit le cerveau et la conscience.** Mais **cela suffit-il pour conclure à leur identité et affirmer que la conscience n'est rien d'autre qu'une fonction du cerveau ?**

« L'esprit déborde la vie cérébrale »

Bergson tente alors d'aller plus loin : il constate que **le cerveau est l'organe indispensable de l'activité mentale**, mais que **celle-ci conserve cependant une certaine indépendance**.

Les problèmes posés par les troubles de la mémoire le prouvent. Si le cerveau est le support indispensable de la mémoire, celle-ci ne se réduit pas à celui-là. Lors d'une lésion cérébrale, on observe que la disparition du souvenir se fait graduellement et non subitement, ce qui tend à prouver que l'esprit n'est pas directement dépendant du cerveau. En somme, l'esprit n'est rien sans le cerveau, mais il ne se confond pourtant pas avec lui. Par conséquent, **la notion d'esprit reste indispensable**.

Bergson conclut alors que **« l'esprit déborde la vie cérébrale »** :

- l'esprit est bien en un sens logé dans le cerveau. On ne saurait l'imaginer flottant dans quelque lieu séparé et immatériel ;
- toutefois, l'esprit dépasse l'activité cérébrale et lui ajoute quelque chose qui ne s'y trouvait pas. Par l'esprit, quelque chose de nouveau émerge de la matière vivante (citation 2).

La mémoire, point de rencontre du corps et de l'esprit

Il faut donc maintenir la distinction de l'esprit et de la matière, de la conscience et du cerveau. L'analyse de la mémoire confirme d'ailleurs cette distinction fondamentale :

- Bergson appelle « **mémoire-habitude** » la mémoire qui, dans la vie quotidienne, vient opportunément **rappeler un geste appris pour faire face à une situation concrète** (par exemple le geste qui permet de démarrer sa voiture). L'apprentissage d'un geste technique dispense de réfléchir au moment où il convient de l'exécuter. Dirigée vers l'action et l'utilité, la mémoire-habitude mobilise les mécanismes appropriés qu'un apprentissage antérieur a gravé dans le cerveau. Cette mémoire est donc **matérielle**, par sa nature et sa fonction ;
- la « **mémoire pure** » est, quant à elle, toute autre. À l'inverse de la précédente, elle suppose un effort de pensée. Bergson songe ici à la mémoire que nous consultons lorsque nous cherchons à **ramener un souvenir à la surface de notre conscience**. Cette fois, aucune préoccupation d'ordre pratique n'entre en jeu : ce type de mémoire n'est d'aucune utilité dans le présent. Nous faisons émerger des souvenirs qui, inutiles, seraient sans cela restés à jamais enfouis. Cette mémoire, Bergson l'appelle « mémoire pure » pour signifier qu'elle est tout à fait dégagée de l'action utile et donc relativement **indépendante du corps**. Avec elle, l'esprit est ramené à lui-même.

Ainsi, la mémoire sous-tend une sorte de collaboration entre le cerveau, purement matériel, et la conscience, purement spirituelle. L'organe cérébral prépare le cadre à l'intérieur duquel la conscience saisit le souvenir par son propre effort.

LA CONNAISSANCE INTUITIVE

L'intuition contre l'intelligence

L'analyse de la mémoire permet de mettre en évidence les deux attitudes qui s'opposent dans notre existence concrète :

- tantôt nous mobilisons **notre intelligence pour agir**. L'intelligence est donc une faculté d'adaptation au réel. Face aux sollicitations de la vie extérieure qui commandent d'agir, l'intelligence nous permet de trouver une réponse adaptée et efficace. Or, pour agir, nous avons besoin de figer la réalité, de l'immobiliser pour avoir prise sur elle. C'est pourquoi, l'intelligence **découpe le réel, y sélectionne ce qui est utile, fige les choses par des dénominations stables et nous fournit ainsi des points de repère commodes**. Ce qui importe n'est pas de connaitre, mais d'agir ;
- tantôt nous recourons à **l'intuition pour connaitre**. Autrement dit, l'intuition est une fonction de connaissance. À l'inverse de l'intelligence, l'intuition est une « vue directe de l'esprit » sur la réalité. Il n'est pour elle question que de **voir le réel tel qu'il est, non d'en prélever ce qui seul nous est utile pour agir**. Bergson y voit donc un effort visant à « coïncider avec le réel pour le saisir dans son individualité propre », en se gardant de le ranger sous l'une ou l'autre idée générale issue du regard utilitaire et simplificateur de l'intelligence.

Par conséquent, **l'intelligence est un obstacle à la connaissance métaphysique** : en immobilisant le réel, elle méconnait son essence mobile, c'est-à-dire le fond mouvant qui échappe à la conceptualisation (citation 3). Au contraire, **l'intuition accède à la réalité en nous y plongeant directement**, sans intercaler la grille de lecture utilitaire que l'intelligence invente pour faciliter notre action dans le monde. Sensible aux différences singulières et à la mobilité des choses, l'intuition nous permet d'accueillir la nouveauté en tant que telle.

L'intuition menacée par l'automatisme

Mais **l'intuition n'est pas spontanée**. Elle suppose un effort contre soi-même. **Deux obstacles doivent être surmontés** :

- **l'habitude**. Pour porter son attention aux choses, il s'agit de se tirer du sommeil où nos habitudes ont fini par nous plonger. L'intuition est donc l'objet d'une conquête, d'une reprise de soi, contre l'habitude, l'automatisme, **qui endort notre attention**. S'appuyant sur les analyses de Ravaisson dans son essai intitulé *De l'habitude*, Bergson est en outre rapidement conduit à mettre en cause le langage lui-même ;
- **le langage** constitue lui aussi un obstacle à l'intuition dans la mesure où **les mots imposent un pré-découpage de la réalité qui modèle et appauvrit nos perceptions et nos pensées** (citation 4). Comme le note Bergson, chacun a une manière d'aimer qui lui est propre et que le mot « amour », trop commun, est incapable de traduire dans sa richesse et sa singularité. Les mots dont nous disposons composent un filet trop grossier pour capturer nos sentiments individuels et les réalités concrètes qui fuient,

insaisissables, comme une eau courante. La pensée et la réalité ne peuvent être saisies dans leur singularité par le langage et restent par conséquent ineffables.

L'art, le modèle de toute connaissance intuitive

L'attention intime aux choses constitue le vrai talent de l'artiste et le grand privilège de l'art. Car l'art, comme l'explique le philosophe dans *Le Rire*, ne consiste pas à s'éloigner du réel par la fantaisie de l'imagination. Au contraire, **l'art est ce qui nous ramène à la réalité** en bousculant les habitudes de perception qui nous rendent aveugles à ce que nous avons sous les yeux. La magie de l'œuvre d'art est d'ôter le voile d'indifférence que la vie ordinaire dépose sur la réalité et de nous donner à voir chaque chose dans sa singularité. Grâce à l'artiste, nous portons ainsi un regard vierge sur le réel et nous devenons sensibles à la singularité mouvante qui l'anime de l'intérieur.

Les impressionnistes illustrent parfaitement pour Bergson ce retour aux « données immédiates de la conscience ». L'art délivre donc une connaissance authentique et irremplaçable de la réalité que Bergson n'est pas loin de placer au-dessus de la philosophie et des sciences.

BON À SAVOIR

L'impressionnisme est un courant pictural de la fin du XIXe siècle en France. Il se caractérise par la volonté de traduire les impressions fugitives éprouvées par le peintre au contact direct de son motif. En réaction à la démarche académique de la peinture d'atelier de l'époque, incapable de traduire l'intensité de l'impression immédiate, les impressionnistes mettent au point une méthode plus libre mais très rigoureuse consistant en un jeu de touches de couleurs juxtaposées sur la toile. Ce retour à l'expérience directe et à la mobilité des choses vécues, peut à juste titre être rapproché de l'intuition bergsonienne.

L'ÉLAN VITAL ET LA LIBERTÉ

L'élan vital, principe d'animation de la matière

L'intuition de la durée nous fait connaitre la réalité de l'« élan vital », un principe qui anime la matière en l'organisant.

Parce qu'il est durée, le réel n'en finit pas de devenir et d'évoluer. Or cette évolution n'est pas un phénomène purement mécanique et prévisible. Certes, la matière brute, inorganisée et inerte ne fait rien d'imprévisible, mais avec la vie apparait quelque chose de nouveau : le mouvement spontané et imprévisible. Tandis que la matière ne crée rien et demeure identique à elle-même, la vie se caractérise par une évolution créatrice de formes sans cesse nouvelles et plus complexes, dont le moteur est ce que Bergson appelle l'« élan vital ». Ainsi, **l'élan vital est une force créatrice qui organise la matière et la fait évoluer vers de nouvelles formes toujours plus complexes** (citation 5).

Tout ce qui vit possède donc, selon Bergson, une certaine capacité d'adaptation, d'invention, de choix, d'évolution.

Cela suppose **un certain degré de conscience par lequel chaque être s'organise**. Mais si tous les vivants possèdent la conscience en droit, autrement dit si la conscience est immanente à tous les vivants, tous n'en font pas le même usage. Il faut alors distinguer deux catégories d'êtres vivants :

- chez les plus simples, qui se contentent d'une vie quasi automatique, par exemple les végétaux, la conscience demeure embryonnaire et comme endormie ;
- chez les plus complexes, par exemple les animaux, la conscience s'éveille et oriente le vivant vers l'action et le mouvement. Elle atteint son plein épanouissement chez l'homme.

En somme, pour Bergson, **la conscience n'est pas le propre de l'homme, mais de tout ce qui vit**.

L'élan vital, une annonce de la liberté humaine

La réalité, loin de se réduire à la matière, suppose l'existence d'un élan vital qui parcourt l'univers dans son ensemble et le fait tendre à la création de formes vivantes de plus en plus complexes et organisées. Or, cette « création continue d'imprévisible nouveauté » annonce la liberté humaine en ménageant la possibilité du choix, c'est-à-dire du mouvement spontané imprévisible et indéterminé (<u>citation 6</u>).

Toutefois, **la liberté** n'est pas la simple indétermination (le fait de n'être déterminé par rien). Elle désigne plutôt **l'action par laquelle chacun s'affirme tel qu'il est**, assume sa personnalité toute entière et s'arrache aux habitudes et aux automatismes serviles. Être libre, c'est donc s'efforcer d'assumer sa personnalité sans en renier quoi que ce soit, en s'engageant tout entier dans une voie dont on est l'unique créateur (citation 7).

L'artiste nous fournit le meilleur exemple de cette coïncidence de l'action et de la personnalité parce que, mieux que personne, celui-ci parvient à faire émerger son « moi profond » de la surface du « moi social ».

LA MORALE ET LA RELIGION

Enfin, il revient aussi à la philosophie, selon Bergson, de **penser l'existence humaine du point de vue de l'action et de sa valeur**. L'itinéraire du philosophe ne serait donc pas complet sans une réflexion sur la morale et sur la religion. À cet égard, la conception bergsonienne de l'intuition et de la mobilité du réel s'avère d'une grande fécondité.

La critique de la morale kantienne

Kant a montré que **la liberté fait de l'homme un être moral**. Cependant, Bergson ne l'entend guère à la façon du philosophe allemand. Pour ce dernier, la morale désigne la libre obéissance de l'individu aux lois de la raison qui nous dicte ce qu'il faut faire n'importe où, n'importe quand et dans n'importe quelles circonstances (traiter autrui comme une personne et jamais simplement comme une chose, par exemple). Ainsi, les lois morales, appelées « impératifs catégoriques », nous sont dictées par notre raison. Dans la mesure où la raison est un instrument universel dont disposent tous les hommes, les lois morales sont universellement partagées.

Aux yeux de **Bergson**, cette morale, purement rationnelle et ne souffrant par conséquent aucune exception, est à la fois trop rigide et trop impersonnelle. Aussi menace-t-elle d'étouffer l'élan créateur dont vit précisément notre liberté. La raison et ses règles ne peuvent pas susciter **le sentiment de l'obligation** qui **relève, en réalité, moins de l'intelligence que de la volonté**. Or ce sont les motifs sensibles et les émotions qui ébranlent la volonté, non les raisonnements.

Système « clos » versus système « ouvert »

La même remarque vaut d'ailleurs pour **la religion** : il est une façon rigide d'observer les rituels, qui s'oppose à l'élan personnel de la foi, c'est-à-dire au rapport vivant qu'elle instaure, pour le fidèle, avec le divin. Le philosophe distingue ainsi :

- la religion statique, qui renvoie aux dogmes, à la liturgie et à l'aspect communautaire de la croyance ;
- la religion dynamique, qui renvoie à la foi, c'est-à-dire à la croyance de l'homme en une forme de transcendance.

Cette opposition recouvre chez Bergson celle du « clos » et de l'« ouvert » :

- on appellera « **clos** » tout **système moral ou religieux qui permet à l'homme de régler sa vie sociale autour d'usages ou de rituels communs codifiés**. C'est ainsi que la morale désigne d'abord l'ensemble des règles permettant le maintien de l'ordre social et que la religion apparait comme une défense contre l'angoisse de la mort (citation 8). Rien n'est sans doute plus utile, mais aussi plus statique ;

- on appellera « **ouvert** », en revanche, **tout ce qui dans une morale ou une religion exprime un élan spirituel**. L'individu et la société ne sont proprement humains que lorsqu'ils poursuivent des projets qui donnent un sens à leur existence. L'homme, en effet, parce qu'il est conscience et liberté, ne se contente pas de perpétuer mécaniquement une vie réglée par avance.

Un « supplément d'âme »

Toute existence humaine est donc une oscillation entre, d'un côté, un mécanisme de conservation et, de l'autre, un principe d'évolution. Il conviendrait de réunir ces deux pôles. Or les temps modernes n'ont cessé d'accroitre leur opposition. L'essor du « machinisme » fait triompher **un rapport strictement technique aux êtres et aux choses qui rompt l'élan spirituel** d'une conscience en quête d'elle-même.

Face à cette disproportion et ce déchirement de l'homme moderne, **Bergson en appelle alors à « un supplément d'âme »**, susceptible de rééquilibrer notre existence. Ce surcroit de conscience et de liberté (d'élan spirituel), que Bergson nomme son « mysticisme », n'est pas dirigé contre la technique, mais vise au contraire à lui offrir une place qui l'empêche de devenir nuisible.

Contemporain des deux guerres mondiales et du développement de la puissance technique de l'homme sur lui-même et sur la nature, Bergson partage l'inquiétude de bon nombre de consciences de son époque. « L'humanité, écrit-il à la toute fin de son ouvrage *Les Deux Sources de la morale et de la religion*, gémit, à demi écrasée sous le poids des progrès qu'elle a faits. Elle ne sait pas assez que son avenir dépend d'elle. À elle de voir d'abord si elle veut continuer à vivre. »

EN RÉSUMÉ

La philosophie de Bergson est le développement d'une intuition fondamentale : celle de la durée. Il oppose le temps des physiciens au **temps humain**, défini comme **une durée vécue par une conscience**.

Cela signifie que **le temps n'est pas matière, mais esprit**. Si l'esprit est bien logé dans le cerveau, de nature matérielle, il déborde la vie cérébrale, ce que confirme l'analyse de la mémoire : Bergson distingue **la mémoire-habitude**, matérielle, et **la mémoire pure**, spirituelle.

Aussi le philosophe oppose-t-il deux attitudes vis-à-vis du réel : l'intelligence, qui vise l'action, et l'intuition, qui vise la connaissance. Tandis que **l'intelligence est un obstacle à la connaissance métaphysique** – en immobilisant le réel, elle ignore son essence mobile –, **l'intuition nous permet d'accéder directement à la réalité**. Toutefois, celle-ci n'est pas spontanée et demande que nous surmontions l'habitude, qui endort notre attention vis-à-vis du réel, et le langage, qui nous impose un pré-découpage de la réalité.

Par ailleurs, l'intuition de la durée nous permet de connaitre la réalité de **l'élan vital**, une force créatrice qui **organise la matière et la fait évoluer vers des formes toujours plus complexes**. Tout ce qui vit possède un certain degré de conscience nécessaire pour s'organiser. L'élan vital est donc également ce qui **rend possible la liberté humaine**.

Enfin, Bergson s'est intéressé à **la morale** et à **la religion**.

Selon lui, le sentiment de l'obligation relève davantage de la volonté que de l'intelligence. Il en va de même pour la religion : celle-ci relève plus de la foi que de la raison.

Votre avis nous intéresse !
Laissez un commentaire sur le site de votre librairie en ligne
et partagez vos coups de cœur sur les réseaux sociaux !

POUR ALLER PLUS LOIN

- BERGSON (Henri), *Correspondances*, Paris, PUF, 2002.
- BERGSON (Henri), *Cours*, 4 volumes, Paris, PUF, 1990-2000.
- BERGSON (Henri), *Essai sur les données immédiates de la conscience*, Paris, PUF, 1997.
- BERGSON (Henri), *La Conscience et la Vie*, Paris, PUF, 2003.
- BERGSON (Henri), *L'Âme et le Corps*, Paris, PUF, 2011.
- BERGSON (Henri), *La Pensée et le Mouvant*, Paris, PUF, 1993.
- BERGSON (Henri), *L'Énergie spirituelle*, Paris, PUF, 1996.
- BERGSON (Henri), *Le Rire*, Paris, PUF, 1995.
- BERGSON (Henri), *Les Deux Sources de la morale et de la religion*, Paris, PUF, 1995.
- BERGSON (Henri), *L'Évolution créatrice*, Paris, PUF, 1997.
- BERGSON (Henri), *Matière et Mémoire*, Paris, PUF, 1997.
- BERGSON (Henri), *Mélanges*, Paris, PUF, 1972.
- BERGSON (Henri), *Œuvres*, Paris, PUF, 1959.
- DELEUZE (Gilles), *Le Bergsonisme*, Paris, PUF, 1966.
- GOUHIER (Henri), *Bergson dans l'histoire de la pensée occidentale*, Paris, Vrin, 1989.
- JANKÉLÉVITCH (Vladimir), *Henri Bergson*, Paris, PUF, 1975.
- VIEILLARD-BARON (Jean-Louis), *Bergson*, Paris, PUF, 2007.

TESTEZ VOS CONNAISSANCES !

ASSOCIEZ CHAQUE CITATION À L'EXPLICATION QUI LUI CORRESPOND

Citation 1 : « La durée toute pure est la forme que prend la succession de nos états de conscience quand notre moi se laisse vivre. » (*Essai sur les données immédiates de la conscience*, Paris, PUF, 1997, p. 74)

Citation 2 : « L'activité cérébrale est à l'activité mentale ce que les mouvements du bâton du chef d'orchestre sont à la symphonie. La symphonie dépasse de tous côtés les mouvements qui la scandent ; la vie de l'esprit déborde de même la vie cérébrale. » (*L'Âme et le Corps*, Paris, PUF, 2011)

Citation 3 : « Si donc l'intelligence tend à fabriquer, on peut prévoir que ce qu'il y a de fluide dans le réel lui échappera en partie, et que ce qu'il y a de proprement vital dans le vivant lui échappera tout à fait. » (*L'Évolution créatrice*, Paris, PUF, 1997, p. 154)

Citation 4 : « Pour tout dire, nous ne voyons pas les choses elles-mêmes ; nous nous bornons, le plus souvent, à lire des étiquettes collées sur elles. » (*Le Rire*, Paris, PUF, 1995, p. 156)

Citation 5 : « [Il existe] un élan originel, je veux dire [une] poussée intérieure qui porterait la vie, par des formes de plus en plus complexes, à des destinées de plus en plus hautes. » (*L'Évolution créatrice*, Paris, PUF, 2007, chapitre 2)

Citation 6 : « La matière est nécessité, la conscience est liberté ; mais elles ont beau s'opposer l'une à l'autre, la vie trouve le moyen de les réconcilier. C'est que la vie est précisément la liberté s'insérant dans la nécessité et la tournant à son profit. » (*La Conscience et la Vie*, Paris, PUF, 2003)

Citation 7 : « Nous sommes libres quand nos actes émanent de notre personnalité entière, quand ils l'expriment, quand ils ont avec elle cette indéfinissable ressemblance qu'on trouve parfois entre l'œuvre et l'artiste. » (*Essai sur les données immédiates de la conscience*, Paris, PUF, 1997, p. 129)

Citation 8 : « La religion est une réaction défensive de la nature contre la représentation, par l'intelligence, de l'inévitabilité de la mort. » (*Les Deux Sources de la morale et de la religion*, Paris, PUF, 1995, p. 135)

Explication a : le temps humain, différent du temps des physiciens, se définit comme une durée vécue par une conscience.

Explication b : le langage constitue un obstacle à la connaissance intuitive dans la mesure où les mots imposent un pré-découpage de la réalité.

Explication c : la fluidité du réel et le mouvement de la vie sont insaisissables pour l'intelligence qui s'attache à immobiliser et à découper le réel.

Explication d : l'esprit est bien logé dans le cerveau, mais il dépasse l'activité cérébrale et lui ajoute quelque chose qui ne s'y trouvait pas.

Explication e : la morale ne peut être purement théorique car le sentiment de l'obligation relève davantage de la volonté que de l'intelligence.

Explication f : la liberté désigne l'engagement total d'une personne dans une action qui lui ressemble.

Explication g : la mémoire-habitude est la mémoire qui, dans la vie quotidienne, vient opportunément rappeler un geste appris pour faire face à une situation concrète ; inversement, la mémoire pure consiste à ramener un souvenir à la surface de notre conscience, sans que cela ne nous soit d'aucune utilité.

Explication h : l'élan vital est une force créatrice qui fait évoluer la matière vers des formes de vie toujours plus complexes.

Explication i : en introduisant la conscience dans la matière, la nature vivante conjugue l'indétermination du choix libre au déterminisme de la matière. C'est parce qu'une matière lui fait face qu'un vivant se trouve en position d'exercer sa capacité de choisir, de mobiliser sa conscience qui, sans obstacle, resterait en sommeil.

Explication j : la religion apparait comme une défense contre l'angoisse de la mort.

Rendez-vous sur lepetitphilosophe.fr et découvrez :

Plus de 1200 analyses
Claires et synthétiques
Téléchargeables en 30 secondes
À imprimer chez soi

ISBN version numérique : 978-2-8062-5035-3
ISBN version papier : 978-2-8080-0156-4
Dépôt légal : D/2017/12603/540

Conception numérique : Primento,
le partenaire numérique des éditeurs.